ONE DAY at a TiME __ / __ / __

TO DO (TODAY)

- [ ] _____
- [ ] _____
- [ ] _____
- [ ] _____
- [ ] _____
- [ ] _____
- [ ] _____
- [ ] _____
- [ ] _____
- [ ] _____
- [ ] _____
- [ ] _____
- [ ] _____
- [ ] _____
- [ ] _____
- [ ] _____
- [ ] _____

TO DO (LATER)

- ➤ _____
- ➤ _____
- ➤ _____
- ➤ _____
- ➤ _____
- ➤ _____
- ➤ _____
- ➤ _____
- ➤ _____
- ➤ _____

MAKE MAGIC!

HOUR BY HOUR

8

9

10 _____

11 _____

12 _____

5 _____

6 _____

EVERYThiNG is made out of MAGiC DAILY TRACKER

flow STATIONERY
80 PAGES

ONE DAY at a TIME __/__/__

HOUR BY HOUR

8 _____
_____

9 _____
_____

10 _____
_____

11 _____
_____

12 _____
_____

1 _____
_____

2 _____
_____

3 _____
_____

4 _____
_____

5 _____
_____

6 _____
_____

TO DO (TODAY)

☐ _____
☐ _____
☐ _____
☐ _____
☐ _____
☐ _____
☐ _____
☐ _____
☐ _____
☐ _____
☐ _____
☐ _____
☐ _____
☐ _____
☐ _____
☐ _____
☐ _____

TO DO (LATER)

▶ _____
▶ _____
▶ _____
▶ _____
▶ _____
▶ _____
▶ _____
▶ _____
▶ _____
▶ _____

MAKE MAGIC!

ONE DAY at a TiME __ / __ / __

HOUR BY HOUR

8 _____
_____
9 _____
_____
10 _____
_____
11 _____
_____
12 _____
_____
1 _____
_____
2 _____
_____
3 _____
_____
4 _____
_____
5 _____
_____
6 _____
_____

TO DO (TODAY)

- [ ] _____
- [ ] _____
- [ ] _____
- [ ] _____
- [ ] _____
- [ ] _____
- [ ] _____
- [ ] _____
- [ ] _____
- [ ] _____
- [ ] _____
- [ ] _____
- [ ] _____
- [ ] _____
- [ ] _____
- [ ] _____
- [ ] _____
- [ ] _____

TO DO (LATER)

- ⟫ _____
- ⟫ _____
- ⟫ _____
- ⟫ _____
- ⟫ _____
- ⟫ _____
- ⟫ _____
- ⟫ _____
- ⟫ _____
- ⟫ _____

MAKE MAGIC!

ONE DAY at a TiME __ / __ / __

TO DO (TODAY)

- [ ] _____
- [ ] _____
- [ ] _____
- [ ] _____
- [ ] _____
- [ ] _____
- [ ] _____
- [ ] _____
- [ ] _____
- [ ] _____
- [ ] _____
- [ ] _____
- [ ] _____
- [ ] _____
- [ ] _____
- [ ] _____
- [ ] _____

TO DO (LATER)

➤ _____
➤ _____
➤ _____
➤ _____
➤ _____
➤ _____
➤ _____
➤ _____
➤ _____
➤ _____

MAKE MAGIC!

HOUR BY HOUR

8 _____

9 _____

10 _____

11 _____

12 _____

1 _____

2 _____

3 _____

4 _____

5 _____

6 _____

ONE DAY at a TIME __ / __ / __

TO DO (TODAY)

- ☐ _____
- ☐ _____
- ☐ _____
- ☐ _____
- ☐ _____
- ☐ _____
- ☐ _____
- ☐ _____
- ☐ _____
- ☐ _____
- ☐ _____
- ☐ _____
- ☐ _____
- ☐ _____
- ☐ _____
- ☐ _____
- ☐ _____
- ☐ _____

TO DO (LATER)

- ▸ _____
- ▸ _____
- ▸ _____
- ▸ _____
- ▸ _____
- ▸ _____
- ▸ _____
- ▸ _____
- ▸ _____

MAKE MAGIC!

ONE DAY at a TIME ___ / ___ / ___

TO DO (TODAY)

- [ ] _____
- [ ] _____
- [ ] _____
- [ ] _____
- [ ] _____
- [ ] _____
- [ ] _____
- [ ] _____
- [ ] _____
- [ ] _____
- [ ] _____
- [ ] _____
- [ ] _____
- [ ] _____
- [ ] _____
- [ ] _____
- [ ] _____
- [ ] _____
- [ ] _____

TO DO (LATER)

▸ _____
▸ _____
▸ _____
▸ _____
▸ _____
▸ _____
▸ _____
▸ _____
▸ _____
▸ _____
▸ _____

MAKE MAGIC!

HOUR BY HOUR

8 _____

_____

9 _____

_____

10 _____

_____

11 _____

_____

12 _____

_____

1 _____

_____

2 _____

_____

3 _____

_____

4 _____

_____

5 _____

_____

6 _____

_____

ONE DAY at a TIME ___/___/___

HOUR BY HOUR

8 _____

9 _____

10 _____

11 _____

12 _____

1 _____

2 _____

3 _____

4 _____

5 _____

6 _____

TO DO (TODAY)

☐ _____
☐ _____
☐ _____
☐ _____
☐ _____
☐ _____
☐ _____
☐ _____
☐ _____
☐ _____
☐ _____
☐ _____
☐ _____
☐ _____
☐ _____
☐ _____
☐ _____
☐ _____

TO DO (LATER)

» _____
» _____
» _____
» _____
» _____
» _____
» _____
» _____
» _____
» _____

MAKE MAGIC!

ONE DAY at a TIME __ / __ / __

TO DO (TODAY)

- [ ] _____
- [ ] _____
- [ ] _____
- [ ] _____
- [ ] _____
- [ ] _____
- [ ] _____
- [ ] _____
- [ ] _____
- [ ] _____
- [ ] _____
- [ ] _____
- [ ] _____
- [ ] _____
- [ ] _____
- [ ] _____
- [ ] _____
- [ ] _____
- [ ] _____

TO DO (LATER)

- _____
- _____
- _____
- _____
- _____
- _____
- _____
- _____
- _____
- _____
- _____

MAKE MAGIC!

HOUR BY HOUR

8 _____

9 _____

10 _____

11 _____

12 _____

1 _____

2 _____

3 _____

4 _____

5 _____

6 _____

ONE DAY at a TiME __ / __ / __

TO DO (TODAY)

- [ ] _____
- [ ] _____
- [ ] _____
- [ ] _____
- [ ] _____
- [ ] _____
- [ ] _____
- [ ] _____
- [ ] _____
- [ ] _____
- [ ] _____
- [ ] _____
- [ ] _____
- [ ] _____
- [ ] _____
- [ ] _____
- [ ] _____

TO DO (LATER)

- ▶ _____
- ▶ _____
- ▶ _____
- ▶ _____
- ▶ _____
- ▶ _____
- ▶ _____
- ▶ _____
- ▶ _____
- ▶ _____
- ▶ _____

MAKE MAGIC!

HOUR BY HOUR

8 _____

9 _____

10 _____

11 _____

12 _____

1 _____

2 _____

3 _____

4 _____

5 _____

6 _____

ONE DAY at a TIME __ / __ / __

TO DO (TODAY)

- ☐ _____
- ☐ _____
- ☐ _____
- ☐ _____
- ☐ _____
- ☐ _____
- ☐ _____
- ☐ _____
- ☐ _____
- ☐ _____
- ☐ _____
- ☐ _____
- ☐ _____
- ☐ _____
- ☐ _____
- ☐ _____
- ☐ _____
- ☐ _____

TO DO (LATER)

- ▶ _____
- ▶ _____
- ▶ _____
- ▶ _____
- ▶ _____
- ▶ _____
- ▶ _____
- ▶ _____
- ▶ _____
- ▶ _____
- ▶ _____

MAKE MAGIC!

HOUR BY HOUR

8 _____

9 _____

10 _____

11 _____

12 _____

1 _____

2 _____

3 _____

4 _____

5 _____

6 _____

ONE DAY at a TIME ___ / ___ / ___

HOUR BY HOUR

8 _____

9 _____

10 _____

11 _____

12 _____

1 _____

2 _____

3 _____

4 _____

5 _____

6 _____

TO DO (TODAY)

- [ ] _____
- [ ] _____
- [ ] _____
- [ ] _____
- [ ] _____
- [ ] _____
- [ ] _____
- [ ] _____
- [ ] _____
- [ ] _____
- [ ] _____
- [ ] _____
- [ ] _____
- [ ] _____
- [ ] _____
- [ ] _____
- [ ] _____

TO DO (LATER)

➤ _____
➤ _____
➤ _____
➤ _____
➤ _____
➤ _____
➤ _____
➤ _____
➤ _____
➤ _____

MAKE MAGIC!

ONE DAY at a TiME __ / __ / __

HOUR BY HOUR

8 _____
_____

9 _____
_____

10 _____
_____

11 _____
_____

12 _____
_____

1 _____
_____

2 _____
_____

3 _____
_____

4 _____
_____

5 _____
_____

6 _____
_____

TO DO (TODAY)

- ☐ _____
- ☐ _____
- ☐ _____
- ☐ _____
- ☐ _____
- ☐ _____
- ☐ _____
- ☐ _____
- ☐ _____
- ☐ _____
- ☐ _____
- ☐ _____
- ☐ _____
- ☐ _____
- ☐ _____
- ☐ _____
- ☐ _____
- ☐ _____

TO DO (LATER)

- ▸ _____
- ▸ _____
- ▸ _____
- ▸ _____
- ▸ _____
- ▸ _____
- ▸ _____
- ▸ _____
- ▸ _____
- ▸ _____

MAKE MAGIC!

ONE DAY at a TiME ___ / ___ / ___

TO DO (TODAY)

- [ ] _____
- [ ] _____
- [ ] _____
- [ ] _____
- [ ] _____
- [ ] _____
- [ ] _____
- [ ] _____
- [ ] _____
- [ ] _____
- [ ] _____
- [ ] _____
- [ ] _____
- [ ] _____
- [ ] _____
- [ ] _____
- [ ] _____

TO DO (LATER)

- ▶ _____
- ▶ _____
- ▶ _____
- ▶ _____
- ▶ _____
- ▶ _____
- ▶ _____
- ▶ _____
- ▶ _____
- ▶ _____

MAKE MAGIC!

HOUR BY HOUR

8 _____

9 _____

10 _____

11 _____

12 _____

1 _____

2 _____

3 _____

4 _____

5 _____

6 _____

ONE DAY at a TIME __ / __ / __

TO DO (TODAY)

- [ ] _____
- [ ] _____
- [ ] _____
- [ ] _____
- [ ] _____
- [ ] _____
- [ ] _____
- [ ] _____
- [ ] _____
- [ ] _____
- [ ] _____
- [ ] _____
- [ ] _____
- [ ] _____
- [ ] _____
- [ ] _____
- [ ] _____
- [ ] _____
- [ ] _____

TO DO (LATER)

▶ _____
▶ _____
▶ _____
▶ _____
▶ _____
▶ _____
▶ _____
▶ _____
▶ _____
▶ _____
▶ _____

MAKE MAGIC!

HOUR BY HOUR

8 _____
_____
9 _____
_____
10 _____
_____
11 _____
_____
12 _____
_____
1 _____
_____
2 _____
_____
3 _____
_____
4 _____
_____
5 _____
_____
6 _____
_____

ONE DAY at a TIME __ / __ / __

HOUR BY HOUR

8 _____

9 _____

10 _____

11 _____

12 _____

1 _____

2 _____

3 _____

4 _____

5 _____

6 _____

TO DO (TODAY)

☐ _____
☐ _____
☐ _____
☐ _____
☐ _____
☐ _____
☐ _____
☐ _____
☐ _____
☐ _____
☐ _____
☐ _____
☐ _____
☐ _____
☐ _____
☐ _____
☐ _____
☐ _____

TO DO (LATER)

» _____
» _____
» _____
» _____
» _____
» _____
» _____
» _____
» _____
» _____

MAKE MAGIC!

ONE DAY at a TIME __/__/__

HOUR BY HOUR

8 _____

9 _____

10 _____

11 _____

12 _____

1 _____

2 _____

3 _____

4 _____

5 _____

6 _____

TO DO (TODAY)

- [ ] _____
- [ ] _____
- [ ] _____
- [ ] _____
- [ ] _____
- [ ] _____
- [ ] _____
- [ ] _____
- [ ] _____
- [ ] _____
- [ ] _____
- [ ] _____
- [ ] _____
- [ ] _____
- [ ] _____
- [ ] _____
- [ ] _____
- [ ] _____

TO DO (LATER)

▸ _____
▸ _____
▸ _____
▸ _____
▸ _____
▸ _____
▸ _____
▸ _____
▸ _____
▸ _____

MAKE MAGIC!

ONE DAY at a TIME __ / __ / __

HOUR BY HOUR

8 _____

9 _____

10 _____

11 _____

12 _____

1 _____

2 _____

3 _____

4 _____

5 _____

6 _____

TO DO (TODAY)

- ☐ _____
- ☐ _____
- ☐ _____
- ☐ _____
- ☐ _____
- ☐ _____
- ☐ _____
- ☐ _____
- ☐ _____
- ☐ _____
- ☐ _____
- ☐ _____
- ☐ _____
- ☐ _____
- ☐ _____
- ☐ _____
- ☐ _____

TO DO (LATER)

- ▶ _____
- ▶ _____
- ▶ _____
- ▶ _____
- ▶ _____
- ▶ _____
- ▶ _____
- ▶ _____
- ▶ _____
- ▶ _____

MAKE MAGIC!

ONE DAY at a TIME __ / __ / __

TO DO (TODAY)

- [ ] _____
- [ ] _____
- [ ] _____
- [ ] _____
- [ ] _____
- [ ] _____
- [ ] _____
- [ ] _____
- [ ] _____
- [ ] _____
- [ ] _____
- [ ] _____
- [ ] _____
- [ ] _____
- [ ] _____
- [ ] _____
- [ ] _____
- [ ] _____

TO DO (LATER)

- _____
- _____
- _____
- _____
- _____
- _____
- _____
- _____
- _____
- _____
- _____

MAKE MAGIC!

HOUR BY HOUR

8 _____

9 _____

10 _____

11 _____

12 _____

1 _____

2 _____

3 _____

4 _____

5 _____

6 _____

ONE DAY at a TIME ___ / ___ / ___

TO DO (TODAY)

- [ ] _____
- [ ] _____
- [ ] _____
- [ ] _____
- [ ] _____
- [ ] _____
- [ ] _____
- [ ] _____
- [ ] _____
- [ ] _____
- [ ] _____
- [ ] _____
- [ ] _____
- [ ] _____
- [ ] _____
- [ ] _____
- [ ] _____

TO DO (LATER)

- ➤ _____
- ➤ _____
- ➤ _____
- ➤ _____
- ➤ _____
- ➤ _____
- ➤ _____
- ➤ _____
- ➤ _____
- ➤ _____

MAKE MAGIC!

HOUR BY HOUR

8 _____

9 _____

10 _____

11 _____

12 _____

1 _____

2 _____

3 _____

4 _____

5 _____

6 _____

ONE DAY at a TIME ___/___/___

HOUR BY HOUR

8 _____

9 _____

10 _____

11 _____

12 _____

1 _____

2 _____

3 _____

4 _____

5 _____

6 _____

TO DO (TODAY)

- ☐ _____
- ☐ _____
- ☐ _____
- ☐ _____
- ☐ _____
- ☐ _____
- ☐ _____
- ☐ _____
- ☐ _____
- ☐ _____
- ☐ _____
- ☐ _____
- ☐ _____
- ☐ _____
- ☐ _____
- ☐ _____
- ☐ _____
- ☐ _____

TO DO (LATER)

- ➤ _____
- ➤ _____
- ➤ _____
- ➤ _____
- ➤ _____
- ➤ _____
- ➤ _____
- ➤ _____
- ➤ _____
- ➤ _____

MAKE MAGIC!

ONE DAY at a TiME __ / __ / __

HOUR BY HOUR

8 _____

9 _____

10 _____

11 _____

12 _____

1 _____

2 _____

3 _____

4 _____

5 _____

6 _____

TO DO (TODAY)

☐ _____
☐ _____
☐ _____
☐ _____
☐ _____
☐ _____
☐ _____
☐ _____
☐ _____
☐ _____
☐ _____
☐ _____
☐ _____
☐ _____
☐ _____
☐ _____
☐ _____
☐ _____
☐ _____

TO DO (LATER)

➤ _____
➤ _____
➤ _____
➤ _____
➤ _____
➤ _____
➤ _____
➤ _____
➤ _____
➤ _____

MAKE MAGIC!

ONE DAY at a TiME __/__/__

TO DO (TODAY)

- [ ] _____
- [ ] _____
- [ ] _____
- [ ] _____
- [ ] _____
- [ ] _____
- [ ] _____
- [ ] _____
- [ ] _____
- [ ] _____
- [ ] _____
- [ ] _____
- [ ] _____
- [ ] _____
- [ ] _____
- [ ] _____
- [ ] _____
- [ ] _____

TO DO (LATER)

- ▶ _____
- ▶ _____
- ▶ _____
- ▶ _____
- ▶ _____
- ▶ _____
- ▶ _____
- ▶ _____
- ▶ _____
- ▶ _____
- ▶ _____

MAKE MAGIC!

HOUR BY HOUR

8 _____

9 _____

10 _____

11 _____

12 _____

1 _____

2 _____

3 _____

4 _____

5 _____

6 _____

ONE DAY at a TIME __ / __ / __

HOUR BY HOUR

8 _____
_____

9 _____
_____

10 _____
_____

11 _____
_____

12 _____
_____

1 _____
_____

2 _____
_____

3 _____
_____

4 _____
_____

5 _____
_____

6 _____
_____

TO DO (TODAY)

☐ _____
☐ _____
☐ _____
☐ _____
☐ _____
☐ _____
☐ _____
☐ _____
☐ _____
☐ _____
☐ _____
☐ _____
☐ _____
☐ _____
☐ _____
☐ _____
☐ _____
☐ _____

TO DO (LATER)

▸ _____
▸ _____
▸ _____
▸ _____
▸ _____
▸ _____
▸ _____
▸ _____
▸ _____
▸ _____

MAKE MAGIC!

ONE DAY at a TIME __ / __ / __

TO DO (TODAY)

- [ ] _____
- [ ] _____
- [ ] _____
- [ ] _____
- [ ] _____
- [ ] _____
- [ ] _____
- [ ] _____
- [ ] _____
- [ ] _____
- [ ] _____
- [ ] _____
- [ ] _____
- [ ] _____
- [ ] _____
- [ ] _____
- [ ] _____
- [ ] _____

TO DO (LATER)

- _____
- _____
- _____
- _____
- _____
- _____
- _____
- _____
- _____
- _____

MAKE MAGIC!

HOUR BY HOUR

8 _____

9 _____

10 _____

11 _____

12 _____

1 _____

2 _____

3 _____

4 _____

5 _____

6 _____

ONE DAY at a TIME __ / __ / __

TO DO (TODAY)

- [ ] _____
- [ ] _____
- [ ] _____
- [ ] _____
- [ ] _____
- [ ] _____
- [ ] _____
- [ ] _____
- [ ] _____
- [ ] _____
- [ ] _____
- [ ] _____
- [ ] _____
- [ ] _____
- [ ] _____
- [ ] _____
- [ ] _____
- [ ] _____
- [ ] _____

TO DO (LATER)

- ▶ _____
- ▶ _____
- ▶ _____
- ▶ _____
- ▶ _____
- ▶ _____
- ▶ _____
- ▶ _____
- ▶ _____
- ▶ _____

MAKE MAGIC!

HOUR BY HOUR

8 _____

9 _____

10 _____

11 _____

12 _____

1 _____

2 _____

3 _____

4 _____

5 _____

6 _____

ONE DAY at a TiME __ / __ / __

TO DO (TODAY)

- [ ] _____
- [ ] _____
- [ ] _____
- [ ] _____
- [ ] _____
- [ ] _____
- [ ] _____
- [ ] _____
- [ ] _____
- [ ] _____
- [ ] _____
- [ ] _____
- [ ] _____
- [ ] _____
- [ ] _____
- [ ] _____
- [ ] _____

TO DO (LATER)

➤ _____
➤ _____
➤ _____
➤ _____
➤ _____
➤ _____
➤ _____
➤ _____
➤ _____
➤ _____

MAKE MAGIC!

8 _____

9 _____

10 _____

11 _____

12 _____

1 _____

2 _____

3 _____

4 _____

5 _____

6 _____

ONE DAY at a TIME __ / __ / __

TO DO (TODAY)

- [ ] _____
- [ ] _____
- [ ] _____
- [ ] _____
- [ ] _____
- [ ] _____
- [ ] _____
- [ ] _____
- [ ] _____
- [ ] _____
- [ ] _____
- [ ] _____
- [ ] _____
- [ ] _____
- [ ] _____
- [ ] _____
- [ ] _____
- [ ] _____

TO DO (LATER)

- ⟫ _____
- ⟫ _____
- ⟫ _____
- ⟫ _____
- ⟫ _____
- ⟫ _____
- ⟫ _____
- ⟫ _____
- ⟫ _____
- ⟫ _____

MAKE MAGIC!

HOUR BY HOUR

8 _____

9 _____

10 _____

11 _____

12 _____

1 _____

2 _____

3 _____

4 _____

5 _____

6 _____

ONE DAY at a TIME __/__/__

TO DO (TODAY)

- [ ] _____
- [ ] _____
- [ ] _____
- [ ] _____
- [ ] _____
- [ ] _____
- [ ] _____
- [ ] _____
- [ ] _____
- [ ] _____
- [ ] _____
- [ ] _____
- [ ] _____
- [ ] _____
- [ ] _____
- [ ] _____
- [ ] _____
- [ ] _____

TO DO (LATER)

- _____
- _____
- _____
- _____
- _____
- _____
- _____
- _____
- _____
- _____

MAKE MAGIC!

HOUR BY HOUR

8 _____

9 _____

10 _____

11 _____

12 _____

1 _____

2 _____

3 _____

4 _____

5 _____

6 _____

ONE DAY at a TIME __ / __ / __

TO DO (TODAY)

- [ ] _____
- [ ] _____
- [ ] _____
- [ ] _____
- [ ] _____
- [ ] _____
- [ ] _____
- [ ] _____
- [ ] _____
- [ ] _____
- [ ] _____
- [ ] _____
- [ ] _____
- [ ] _____
- [ ] _____
- [ ] _____
- [ ] _____

TO DO (LATER)

- _____
- _____
- _____
- _____
- _____
- _____
- _____
- _____
- _____
- _____
- _____

MAKE MAGIC!

ONE DAY at a TIME __ / __ / __

HOUR BY HOUR

8 _____

9 _____

10 _____

11 _____

12 _____

1 _____

2 _____

3 _____

4 _____

5 _____

6 _____

TO DO (TODAY)

- ☐ _____
- ☐ _____
- ☐ _____
- ☐ _____
- ☐ _____
- ☐ _____
- ☐ _____
- ☐ _____
- ☐ _____
- ☐ _____
- ☐ _____
- ☐ _____
- ☐ _____
- ☐ _____
- ☐ _____
- ☐ _____
- ☐ _____
- ☐ _____

TO DO (LATER)

- ▸ _____
- ▸ _____
- ▸ _____
- ▸ _____
- ▸ _____
- ▸ _____
- ▸ _____
- ▸ _____
- ▸ _____
- ▸ _____

MAKE MAGIC!

ONE DAY at a TiME __ / __ / __

TO DO (TODAY)

- [ ] _____
- [ ] _____
- [ ] _____
- [ ] _____
- [ ] _____
- [ ] _____
- [ ] _____
- [ ] _____
- [ ] _____
- [ ] _____
- [ ] _____
- [ ] _____
- [ ] _____
- [ ] _____
- [ ] _____
- [ ] _____
- [ ] _____
- [ ] _____
- [ ] _____

TO DO (LATER)

- ▶ _____
- ▶ _____
- ▶ _____
- ▶ _____
- ▶ _____
- ▶ _____
- ▶ _____
- ▶ _____
- ▶ _____
- ▶ _____

MAKE MAGIC!

HOUR BY HOUR

8 _____

9 _____

10 _____

11 _____

12 _____

1 _____

2 _____

3 _____

4 _____

5 _____

6 _____

ONE DAY at a TIME __/__/__

TO DO (TODAY)

- [ ] _____
- [ ] _____
- [ ] _____
- [ ] _____
- [ ] _____
- [ ] _____
- [ ] _____
- [ ] _____
- [ ] _____
- [ ] _____
- [ ] _____
- [ ] _____
- [ ] _____
- [ ] _____
- [ ] _____
- [ ] _____
- [ ] _____
- [ ] _____
- [ ] _____

TO DO (LATER)

- _____
- _____
- _____
- _____
- _____
- _____
- _____
- _____
- _____
- _____
- _____

MAKE MAGIC!

HOUR BY HOUR

8 _____
_____
9 _____
_____
10 _____
_____
11 _____
_____
12 _____
_____
1 _____
_____
2 _____
_____
3 _____
_____
4 _____
_____
5 _____
_____
6 _____
_____

ONE DAY at a TIME ___/___/___

HOUR BY HOUR

8 _____

9 _____

10 _____

11 _____

12 _____

1 _____

2 _____

3 _____

4 _____

5 _____

6 _____

TO DO (TODAY)

- ☐ _____
- ☐ _____
- ☐ _____
- ☐ _____
- ☐ _____
- ☐ _____
- ☐ _____
- ☐ _____
- ☐ _____
- ☐ _____
- ☐ _____
- ☐ _____
- ☐ _____
- ☐ _____
- ☐ _____
- ☐ _____

TO DO (LATER)

- ► _____
- ► _____
- ► _____
- ► _____
- ► _____
- ► _____
- ► _____
- ► _____
- ► _____
- ► _____

MAKE MAGIC!

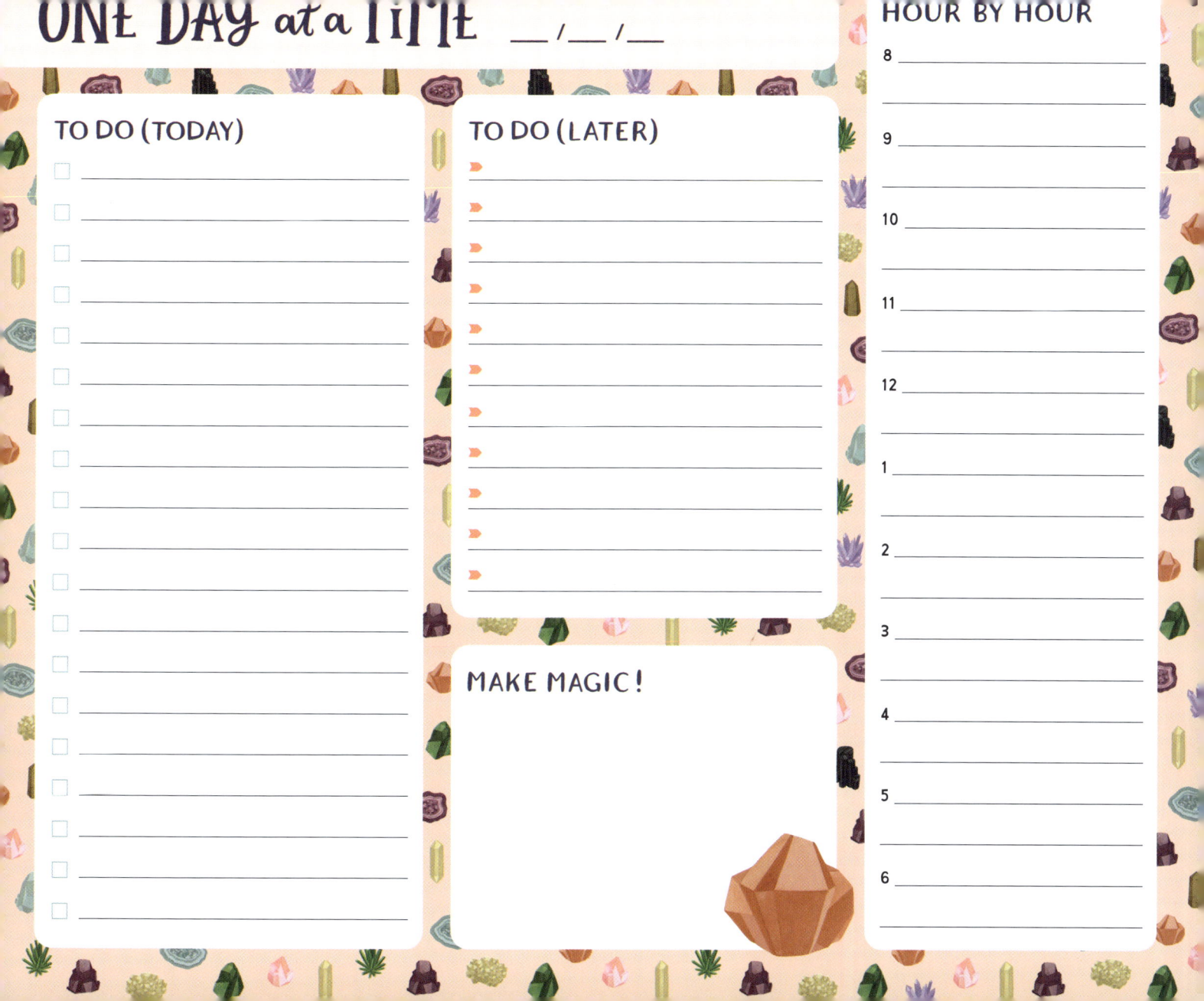

ONE DAY at a TIME __ / __ / __

TO DO (TODAY)

- [ ] _____
- [ ] _____
- [ ] _____
- [ ] _____
- [ ] _____
- [ ] _____
- [ ] _____
- [ ] _____
- [ ] _____
- [ ] _____
- [ ] _____
- [ ] _____
- [ ] _____
- [ ] _____
- [ ] _____
- [ ] _____
- [ ] _____
- [ ] _____

TO DO (LATER)

- _____
- _____
- _____
- _____
- _____
- _____
- _____
- _____
- _____
- _____
- _____

MAKE MAGIC!

HOUR BY HOUR

8 _____

9 _____

10 _____

11 _____

12 _____

1 _____

2 _____

3 _____

4 _____

5 _____

6 _____

ONE DAY at a TIME __ / __ / __

TO DO (TODAY)

- [ ] _____
- [ ] _____
- [ ] _____
- [ ] _____
- [ ] _____
- [ ] _____
- [ ] _____
- [ ] _____
- [ ] _____
- [ ] _____
- [ ] _____
- [ ] _____
- [ ] _____
- [ ] _____
- [ ] _____
- [ ] _____
- [ ] _____

TO DO (LATER)

- _____
- _____
- _____
- _____
- _____
- _____
- _____
- _____
- _____
- _____

MAKE MAGIC!

HOUR BY HOUR

8 _____

9 _____

10 _____

11 _____

12 _____

1 _____

2 _____

3 _____

4 _____

5 _____

6 _____

ONE DAY at a TiME __ / __ / __

HOUR BY HOUR

8 _____

9 _____

10 _____

11 _____

12 _____

1 _____

2 _____

3 _____

4 _____

5 _____

6 _____

TO DO (TODAY)

☐ _____
☐ _____
☐ _____
☐ _____
☐ _____
☐ _____
☐ _____
☐ _____
☐ _____
☐ _____
☐ _____
☐ _____
☐ _____
☐ _____
☐ _____
☐ _____
☐ _____
☐ _____
☐ _____

TO DO (LATER)

▸ _____
▸ _____
▸ _____
▸ _____
▸ _____
▸ _____
▸ _____
▸ _____
▸ _____
▸ _____

MAKE MAGIC!

ONE DAY at a TiME __/__/__

TO DO (TODAY)

- [ ] _____
- [ ] _____
- [ ] _____
- [ ] _____
- [ ] _____
- [ ] _____
- [ ] _____
- [ ] _____
- [ ] _____
- [ ] _____
- [ ] _____
- [ ] _____
- [ ] _____
- [ ] _____
- [ ] _____
- [ ] _____
- [ ] _____
- [ ] _____

TO DO (LATER)

- _____
- _____
- _____
- _____
- _____
- _____
- _____
- _____
- _____
- _____

MAKE MAGIC!

HOUR BY HOUR

8 _____

9 _____

10 _____

11 _____

12 _____

1 _____

2 _____

3 _____

4 _____

5 _____

6 _____

ONE DAY at a TiME __/__/__

TO DO (TODAY)

- [ ] _____
- [ ] _____
- [ ] _____
- [ ] _____
- [ ] _____
- [ ] _____
- [ ] _____
- [ ] _____
- [ ] _____
- [ ] _____
- [ ] _____
- [ ] _____
- [ ] _____
- [ ] _____
- [ ] _____
- [ ] _____
- [ ] _____
- [ ] _____

TO DO (LATER)

- _____
- _____
- _____
- _____
- _____
- _____
- _____
- _____
- _____
- _____

MAKE MAGIC!

HOUR BY HOUR

8 _____

9 _____

10 _____

11 _____

12 _____

1 _____

2 _____

3 _____

4 _____

5 _____

6 _____

ONE DAY at a TiME __ / __ / __

TO DO (TODAY)

- [ ] _____
- [ ] _____
- [ ] _____
- [ ] _____
- [ ] _____
- [ ] _____
- [ ] _____
- [ ] _____
- [ ] _____
- [ ] _____
- [ ] _____
- [ ] _____
- [ ] _____
- [ ] _____
- [ ] _____
- [ ] _____
- [ ] _____
- [ ] _____

TO DO (LATER)

- _____
- _____
- _____
- _____
- _____
- _____
- _____
- _____
- _____
- _____
- _____

MAKE MAGIC!

HOUR BY HOUR

8 _____

9 _____

10 _____

11 _____

12 _____

1 _____

2 _____

3 _____

4 _____

5 _____

6 _____

ONE DAY at a TIME ___/___/___

TO DO (TODAY)

- [ ] _____
- [ ] _____
- [ ] _____
- [ ] _____
- [ ] _____
- [ ] _____
- [ ] _____
- [ ] _____
- [ ] _____
- [ ] _____
- [ ] _____
- [ ] _____
- [ ] _____
- [ ] _____
- [ ] _____
- [ ] _____
- [ ] _____

TO DO (LATER)

- _____
- _____
- _____
- _____
- _____
- _____
- _____
- _____
- _____
- _____
- _____

MAKE MAGIC!

HOUR BY HOUR

8 _____

9 _____

10 _____

11 _____

12 _____

1 _____

2 _____

3 _____

4 _____

5 _____

6 _____

ONE DAY at a TIME __ / __ / __

TO DO (TODAY)

- [ ] _____
- [ ] _____
- [ ] _____
- [ ] _____
- [ ] _____
- [ ] _____
- [ ] _____
- [ ] _____
- [ ] _____
- [ ] _____
- [ ] _____
- [ ] _____
- [ ] _____
- [ ] _____
- [ ] _____
- [ ] _____
- [ ] _____
- [ ] _____
- [ ] _____
- [ ] _____

TO DO (LATER)

- ▶ _____
- ▶ _____
- ▶ _____
- ▶ _____
- ▶ _____
- ▶ _____
- ▶ _____
- ▶ _____
- ▶ _____
- ▶ _____

MAKE MAGIC!

HOUR BY HOUR

8 _____

9 _____

10 _____

11 _____

12 _____

1 _____

2 _____

3 _____

4 _____

5 _____

6 _____

ONE DAY at a TiME __ / __ / __

TO DO (TODAY)

- [ ] _____
- [ ] _____
- [ ] _____
- [ ] _____
- [ ] _____
- [ ] _____
- [ ] _____
- [ ] _____
- [ ] _____
- [ ] _____
- [ ] _____
- [ ] _____
- [ ] _____
- [ ] _____
- [ ] _____
- [ ] _____
- [ ] _____
- [ ] _____

TO DO (LATER)

- ▸ _____
- ▸ _____
- ▸ _____
- ▸ _____
- ▸ _____
- ▸ _____
- ▸ _____
- ▸ _____
- ▸ _____
- ▸ _____
- ▸ _____

MAKE MAGIC!

HOUR BY HOUR

8 _____

9 _____

10 _____

11 _____

12 _____

1 _____

2 _____

3 _____

4 _____

5 _____

6 _____

ONE DAY at a TIME __ / __ / __

TO DO (TODAY)

- [ ] _____
- [ ] _____
- [ ] _____
- [ ] _____
- [ ] _____
- [ ] _____
- [ ] _____
- [ ] _____
- [ ] _____
- [ ] _____
- [ ] _____
- [ ] _____
- [ ] _____
- [ ] _____
- [ ] _____
- [ ] _____
- [ ] _____
- [ ] _____

TO DO (LATER)

- _____
- _____
- _____
- _____
- _____
- _____
- _____
- _____
- _____
- _____

MAKE MAGIC!

HOUR BY HOUR

8 _____

9 _____

10 _____

11 _____

12 _____

1 _____

2 _____

3 _____

4 _____

5 _____

6 _____

ONE DAY at a TIME __ / __ / __

TO DO (TODAY)

- [ ] _____
- [ ] _____
- [ ] _____
- [ ] _____
- [ ] _____
- [ ] _____
- [ ] _____
- [ ] _____
- [ ] _____
- [ ] _____
- [ ] _____
- [ ] _____
- [ ] _____
- [ ] _____
- [ ] _____
- [ ] _____
- [ ] _____

TO DO (LATER)

- ► _____
- ► _____
- ► _____
- ► _____
- ► _____
- ► _____
- ► _____
- ► _____
- ► _____
- ► _____
- ► _____

MAKE MAGIC!

HOUR BY HOUR

8 _____

9 _____

10 _____

11 _____

12 _____

1 _____

2 _____

3 _____

4 _____

5 _____

6 _____

ONE DAY at a TiME __ / __ / __

TO DO (TODAY)

- [ ]
- [ ]
- [ ]
- [ ]
- [ ]
- [ ]
- [ ]
- [ ]
- [ ]
- [ ]
- [ ]
- [ ]
- [ ]
- [ ]
- [ ]
- [ ]
- [ ]
- [ ]

TO DO (LATER)

-
-
-
-
-
-
-
-
-
-

MAKE MAGIC!

HOUR BY HOUR

8
9
10
11
12
1
2
3
4
5
6

ONE DAY at a TiME ___ / ___ / ___

TO DO (TODAY)

- [ ] _____
- [ ] _____
- [ ] _____
- [ ] _____
- [ ] _____
- [ ] _____
- [ ] _____
- [ ] _____
- [ ] _____
- [ ] _____
- [ ] _____
- [ ] _____
- [ ] _____
- [ ] _____
- [ ] _____
- [ ] _____
- [ ] _____
- [ ] _____
- [ ] _____

TO DO (LATER)

- ➤ _____
- ➤ _____
- ➤ _____
- ➤ _____
- ➤ _____
- ➤ _____
- ➤ _____
- ➤ _____
- ➤ _____
- ➤ _____

MAKE MAGIC!

8 _____

9 _____

10 _____

11 _____

12 _____

1 _____

2 _____

3 _____

4 _____

5 _____

6 _____

ONE DAY at a TIME __ / __ / __

TO DO (TODAY)

- [ ] _____
- [ ] _____
- [ ] _____
- [ ] _____
- [ ] _____
- [ ] _____
- [ ] _____
- [ ] _____
- [ ] _____
- [ ] _____
- [ ] _____
- [ ] _____
- [ ] _____
- [ ] _____
- [ ] _____
- [ ] _____
- [ ] _____
- [ ] _____

TO DO (LATER)

- ➤ _____
- ➤ _____
- ➤ _____
- ➤ _____
- ➤ _____
- ➤ _____
- ➤ _____
- ➤ _____
- ➤ _____
- ➤ _____

MAKE MAGIC!

HOUR BY HOUR

8 _____

9 _____

10 _____

11 _____

12 _____

1 _____

2 _____

3 _____

4 _____

5 _____

6 _____

ONE DAY at a TIME __ / __ / __

HOUR BY HOUR

8 _____

9 _____

10 _____

11 _____

12 _____

1 _____

2 _____

3 _____

4 _____

5 _____

6 _____

TO DO (TODAY)

- ☐ _____
- ☐ _____
- ☐ _____
- ☐ _____
- ☐ _____
- ☐ _____
- ☐ _____
- ☐ _____
- ☐ _____
- ☐ _____
- ☐ _____
- ☐ _____
- ☐ _____
- ☐ _____
- ☐ _____
- ☐ _____
- ☐ _____

TO DO (LATER)

- ➤ _____
- ➤ _____
- ➤ _____
- ➤ _____
- ➤ _____
- ➤ _____
- ➤ _____
- ➤ _____
- ➤ _____
- ➤ _____

MAKE MAGIC!

ONE DAY at a TIME __ / __ / __

TO DO (TODAY)

- [ ] _____
- [ ] _____
- [ ] _____
- [ ] _____
- [ ] _____
- [ ] _____
- [ ] _____
- [ ] _____
- [ ] _____
- [ ] _____
- [ ] _____
- [ ] _____
- [ ] _____
- [ ] _____
- [ ] _____
- [ ] _____
- [ ] _____
- [ ] _____
- [ ] _____

TO DO (LATER)

- ▶ _____
- ▶ _____
- ▶ _____
- ▶ _____
- ▶ _____
- ▶ _____
- ▶ _____
- ▶ _____
- ▶ _____
- ▶ _____

MAKE MAGIC!

HOUR BY HOUR

8 _____

9 _____

10 _____

11 _____

12 _____

1 _____

2 _____

3 _____

4 _____

5 _____

6 _____

ONE DAY at a TIME __/__/__

HOUR BY HOUR

8 _____

9 _____

10 _____

11 _____

12 _____

1 _____

2 _____

3 _____

4 _____

5 _____

6 _____

TO DO (TODAY)

- ☐ _____
- ☐ _____
- ☐ _____
- ☐ _____
- ☐ _____
- ☐ _____
- ☐ _____
- ☐ _____
- ☐ _____
- ☐ _____
- ☐ _____
- ☐ _____
- ☐ _____
- ☐ _____
- ☐ _____
- ☐ _____
- ☐ _____

TO DO (LATER)

- ▶ _____
- ▶ _____
- ▶ _____
- ▶ _____
- ▶ _____
- ▶ _____
- ▶ _____
- ▶ _____
- ▶ _____
- ▶ _____
- ▶ _____

MAKE MAGIC!

ONE DAY at a TIME __ / __ / __

TO DO (TODAY)

- [ ] _____
- [ ] _____
- [ ] _____
- [ ] _____
- [ ] _____
- [ ] _____
- [ ] _____
- [ ] _____
- [ ] _____
- [ ] _____
- [ ] _____
- [ ] _____
- [ ] _____
- [ ] _____
- [ ] _____
- [ ] _____
- [ ] _____
- [ ] _____

TO DO (LATER)

- _____
- _____
- _____
- _____
- _____
- _____
- _____
- _____
- _____
- _____

MAKE MAGIC!

HOUR BY HOUR

8 _____

9 _____

10 _____

11 _____

12 _____

1 _____

2 _____

3 _____

4 _____

5 _____

6 _____

ONE DAY at a TIME __/__/__

TO DO (TODAY)

- [ ] _____
- [ ] _____
- [ ] _____
- [ ] _____
- [ ] _____
- [ ] _____
- [ ] _____
- [ ] _____
- [ ] _____
- [ ] _____
- [ ] _____
- [ ] _____
- [ ] _____
- [ ] _____
- [ ] _____
- [ ] _____
- [ ] _____
- [ ] _____
- [ ] _____

TO DO (LATER)

- ▸ _____
- ▸ _____
- ▸ _____
- ▸ _____
- ▸ _____
- ▸ _____
- ▸ _____
- ▸ _____
- ▸ _____
- ▸ _____
- ▸ _____

MAKE MAGIC!

HOUR BY HOUR

8 _____

9 _____

10 _____

11 _____

12 _____

1 _____

2 _____

3 _____

4 _____

5 _____

6 _____

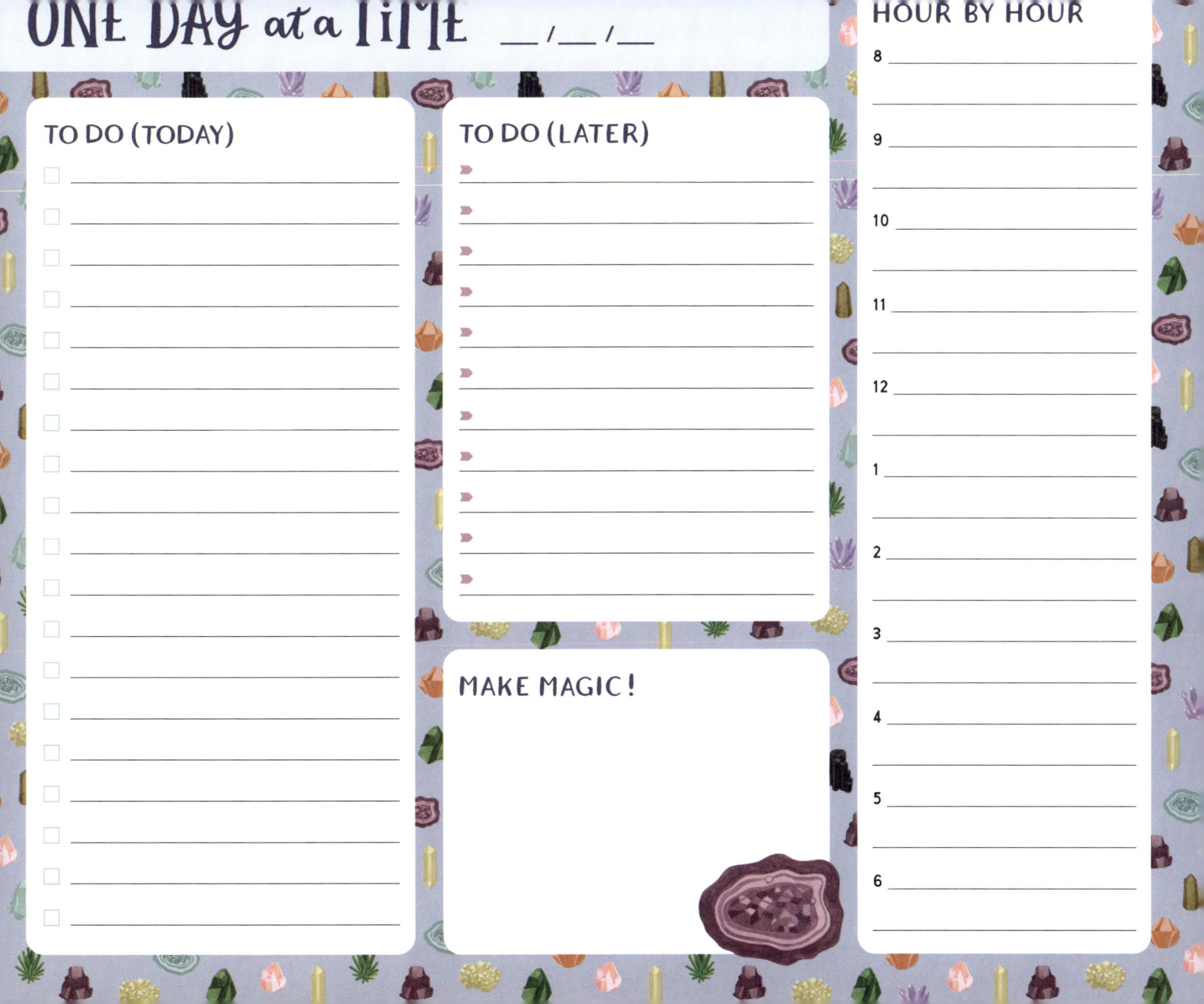

ONE DAY at a TIME __/__/__

TO DO (TODAY)

- [ ] _____
- [ ] _____
- [ ] _____
- [ ] _____
- [ ] _____
- [ ] _____
- [ ] _____
- [ ] _____
- [ ] _____
- [ ] _____
- [ ] _____
- [ ] _____
- [ ] _____
- [ ] _____
- [ ] _____
- [ ] _____
- [ ] _____
- [ ] _____

TO DO (LATER)

- ▶ _____
- ▶ _____
- ▶ _____
- ▶ _____
- ▶ _____
- ▶ _____
- ▶ _____
- ▶ _____
- ▶ _____
- ▶ _____

MAKE MAGIC!

HOUR BY HOUR

8 _____

9 _____

10 _____

11 _____

12 _____

1 _____

2 _____

3 _____

4 _____

5 _____

6 _____

ONE DAY at a TiME __/__/__

TO DO (TODAY)

- [ ] _____
- [ ] _____
- [ ] _____
- [ ] _____
- [ ] _____
- [ ] _____
- [ ] _____
- [ ] _____
- [ ] _____
- [ ] _____
- [ ] _____
- [ ] _____
- [ ] _____
- [ ] _____
- [ ] _____
- [ ] _____
- [ ] _____
- [ ] _____
- [ ] _____

TO DO (LATER)

- _____
- _____
- _____
- _____
- _____
- _____
- _____
- _____
- _____
- _____
- _____

MAKE MAGIC!

HOUR BY HOUR

8 _____

9 _____

10 _____

11 _____

12 _____

1 _____

2 _____

3 _____

4 _____

5 _____

6 _____

ONE DAY at a TIME __ / __ / __

HOUR BY HOUR

8 _____

9 _____

10 _____

11 _____

12 _____

1 _____

2 _____

3 _____

4 _____

5 _____

6 _____

TO DO (TODAY)

- ☐ _____
- ☐ _____
- ☐ _____
- ☐ _____
- ☐ _____
- ☐ _____
- ☐ _____
- ☐ _____
- ☐ _____
- ☐ _____
- ☐ _____
- ☐ _____
- ☐ _____
- ☐ _____
- ☐ _____
- ☐ _____
- ☐ _____
- ☐ _____

TO DO (LATER)

- ➤ _____
- ➤ _____
- ➤ _____
- ➤ _____
- ➤ _____
- ➤ _____
- ➤ _____
- ➤ _____
- ➤ _____
- ➤ _____

MAKE MAGIC!

ONE DAY at a TiME __/__/__

TO DO (TODAY)

- [ ] _____
- [ ] _____
- [ ] _____
- [ ] _____
- [ ] _____
- [ ] _____
- [ ] _____
- [ ] _____
- [ ] _____
- [ ] _____
- [ ] _____
- [ ] _____
- [ ] _____
- [ ] _____
- [ ] _____
- [ ] _____
- [ ] _____
- [ ] _____
- [ ] _____
- [ ] _____

TO DO (LATER)

- _____
- _____
- _____
- _____
- _____
- _____
- _____
- _____
- _____
- _____

MAKE MAGIC!

HOUR BY HOUR

8 _____

9 _____

10 _____

11 _____

12 _____

1 _____

2 _____

3 _____

4 _____

5 _____

6 _____

ONE DAY at a TiME __ / __ / __

TO DO (TODAY)

- [ ] _____
- [ ] _____
- [ ] _____
- [ ] _____
- [ ] _____
- [ ] _____
- [ ] _____
- [ ] _____
- [ ] _____
- [ ] _____
- [ ] _____
- [ ] _____
- [ ] _____
- [ ] _____
- [ ] _____
- [ ] _____
- [ ] _____
- [ ] _____

TO DO (LATER)

- _____
- _____
- _____
- _____
- _____
- _____
- _____
- _____
- _____
- _____

MAKE MAGIC!

HOUR BY HOUR

8 _____

9 _____

10 _____

11 _____

12 _____

1 _____

2 _____

3 _____

4 _____

5 _____

6 _____

ONE DAY at a TIME __/__/__

TO DO (TODAY)

- [ ] _____
- [ ] _____
- [ ] _____
- [ ] _____
- [ ] _____
- [ ] _____
- [ ] _____
- [ ] _____
- [ ] _____
- [ ] _____
- [ ] _____
- [ ] _____
- [ ] _____
- [ ] _____
- [ ] _____
- [ ] _____
- [ ] _____
- [ ] _____

TO DO (LATER)

- ➤ _____
- ➤ _____
- ➤ _____
- ➤ _____
- ➤ _____
- ➤ _____
- ➤ _____
- ➤ _____
- ➤ _____
- ➤ _____

MAKE MAGIC!

HOUR BY HOUR

8 _____

9 _____

10 _____

11 _____

12 _____

1 _____

2 _____

3 _____

4 _____

5 _____

6 _____

ONE DAY at a TIME ___ / ___ / ___

HOUR BY HOUR

8 _____

9 _____

10 _____

11 _____

12 _____

1 _____

2 _____

3 _____

4 _____

5 _____

6 _____

TO DO (TODAY)

- [ ] _____
- [ ] _____
- [ ] _____
- [ ] _____
- [ ] _____
- [ ] _____
- [ ] _____
- [ ] _____
- [ ] _____
- [ ] _____
- [ ] _____
- [ ] _____
- [ ] _____
- [ ] _____
- [ ] _____
- [ ] _____
- [ ] _____
- [ ] _____

TO DO (LATER)

- _____
- _____
- _____
- _____
- _____
- _____
- _____
- _____
- _____
- _____

MAKE MAGIC!

ONE DAY at a TIME __/__/__

TO DO (TODAY)

- [ ] _____
- [ ] _____
- [ ] _____
- [ ] _____
- [ ] _____
- [ ] _____
- [ ] _____
- [ ] _____
- [ ] _____
- [ ] _____
- [ ] _____
- [ ] _____
- [ ] _____
- [ ] _____
- [ ] _____
- [ ] _____

TO DO (LATER)

- _____
- _____
- _____
- _____
- _____
- _____
- _____
- _____
- _____
- _____

MAKE MAGIC!

HOUR BY HOUR

8 _____

9 _____

10 _____

11 _____

12 _____

1 _____

2 _____

3 _____

4 _____

5 _____

6 _____

ONE DAY at a TIME ___ / ___ / ___

TO DO (TODAY)

- [ ] _____
- [ ] _____
- [ ] _____
- [ ] _____
- [ ] _____
- [ ] _____
- [ ] _____
- [ ] _____
- [ ] _____
- [ ] _____
- [ ] _____
- [ ] _____
- [ ] _____
- [ ] _____
- [ ] _____
- [ ] _____
- [ ] _____
- [ ] _____

TO DO (LATER)

▸ _____
▸ _____
▸ _____
▸ _____
▸ _____
▸ _____
▸ _____
▸ _____
▸ _____
▸ _____

MAKE MAGIC!

HOUR BY HOUR

8 _____

9 _____

10 _____

11 _____

12 _____

1 _____

2 _____

3 _____

4 _____

5 _____

6 _____

ONE DAY at a TiME ___/___/___

TO DO (TODAY)

- [ ] _____
- [ ] _____
- [ ] _____
- [ ] _____
- [ ] _____
- [ ] _____
- [ ] _____
- [ ] _____
- [ ] _____
- [ ] _____
- [ ] _____
- [ ] _____
- [ ] _____
- [ ] _____
- [ ] _____
- [ ] _____
- [ ] _____
- [ ] _____
- [ ] _____
- [ ] _____

TO DO (LATER)

- _____
- _____
- _____
- _____
- _____
- _____
- _____
- _____
- _____
- _____
- _____

MAKE MAGIC!

HOUR BY HOUR

8 _____

9 _____

10 _____

11 _____

12 _____

1 _____

2 _____

3 _____

4 _____

5 _____

6 _____

ONE DAY at a TIME __ / __ / __

TO DO (TODAY)

- [ ] _____
- [ ] _____
- [ ] _____
- [ ] _____
- [ ] _____
- [ ] _____
- [ ] _____
- [ ] _____
- [ ] _____
- [ ] _____
- [ ] _____
- [ ] _____
- [ ] _____
- [ ] _____
- [ ] _____
- [ ] _____
- [ ] _____
- [ ] _____

TO DO (LATER)

- _____
- _____
- _____
- _____
- _____
- _____
- _____
- _____
- _____
- _____

MAKE MAGIC!

HOUR BY HOUR

8 _____

9 _____

10 _____

11 _____

12 _____

1 _____

2 _____

3 _____

4 _____

5 _____

6 _____

ONE DAY at a TIME __ / __ / __

TO DO (TODAY)

- [ ] _____
- [ ] _____
- [ ] _____
- [ ] _____
- [ ] _____
- [ ] _____
- [ ] _____
- [ ] _____
- [ ] _____
- [ ] _____
- [ ] _____
- [ ] _____
- [ ] _____
- [ ] _____
- [ ] _____
- [ ] _____
- [ ] _____
- [ ] _____
- [ ] _____

TO DO (LATER)

- ➤ _____
- ➤ _____
- ➤ _____
- ➤ _____
- ➤ _____
- ➤ _____
- ➤ _____
- ➤ _____
- ➤ _____
- ➤ _____
- ➤ _____

MAKE MAGIC!

HOUR BY HOUR

8 _____

9 _____

10 _____

11 _____

12 _____

1 _____

2 _____

3 _____

4 _____

5 _____

6 _____

ONE DAY at a TIME __ / __ / __

HOUR BY HOUR

8 _____

9 _____

10 _____

11 _____

12 _____

1 _____

2 _____

3 _____

4 _____

5 _____

6 _____

TO DO (TODAY)

☐ _____
☐ _____
☐ _____
☐ _____
☐ _____
☐ _____
☐ _____
☐ _____
☐ _____
☐ _____
☐ _____
☐ _____
☐ _____
☐ _____
☐ _____
☐ _____
☐ _____

TO DO (LATER)

▶ _____
▶ _____
▶ _____
▶ _____
▶ _____
▶ _____
▶ _____
▶ _____
▶ _____
▶ _____

MAKE MAGIC!

ONE DAY at a TIME __/__/__

HOUR BY HOUR

8 _____

_____

9 _____

_____

10 _____

_____

11 _____

_____

12 _____

_____

1 _____

_____

2 _____

_____

3 _____

_____

4 _____

_____

5 _____

_____

6 _____

_____

TO DO (TODAY)

☐ _____

☐ _____

☐ _____

☐ _____

☐ _____

☐ _____

☐ _____

☐ _____

☐ _____

☐ _____

☐ _____

☐ _____

☐ _____

☐ _____

☐ _____

☐ _____

☐ _____

☐ _____

TO DO (LATER)

▸ _____

▸ _____

▸ _____

▸ _____

▸ _____

▸ _____

▸ _____

▸ _____

▸ _____

▸ _____

▸ _____

MAKE MAGIC!

ONE DAY at a TiME __ / __ / __

TO DO (TODAY)

- [ ] _____
- [ ] _____
- [ ] _____
- [ ] _____
- [ ] _____
- [ ] _____
- [ ] _____
- [ ] _____
- [ ] _____
- [ ] _____
- [ ] _____
- [ ] _____
- [ ] _____
- [ ] _____
- [ ] _____
- [ ] _____
- [ ] _____
- [ ] _____

TO DO (LATER)

- _____
- _____
- _____
- _____
- _____
- _____
- _____
- _____
- _____
- _____

MAKE MAGIC!

HOUR BY HOUR

8 _____

9 _____

10 _____

11 _____

12 _____

1 _____

2 _____

3 _____

4 _____

5 _____

6 _____

ONE DAY at a TiME __/__/__

TO DO (TODAY)

- [ ] _____
- [ ] _____
- [ ] _____
- [ ] _____
- [ ] _____
- [ ] _____
- [ ] _____
- [ ] _____
- [ ] _____
- [ ] _____
- [ ] _____
- [ ] _____
- [ ] _____
- [ ] _____
- [ ] _____
- [ ] _____
- [ ] _____
- [ ] _____

TO DO (LATER)

- ▶ _____
- ▶ _____
- ▶ _____
- ▶ _____
- ▶ _____
- ▶ _____
- ▶ _____
- ▶ _____
- ▶ _____
- ▶ _____
- ▶ _____

MAKE MAGIC!

HOUR BY HOUR

8 _____

9 _____

10 _____

11 _____

12 _____

1 _____

2 _____

3 _____

4 _____

5 _____

6 _____

ONE DAY at a TiME __/__/__

TO DO (TODAY)

- [ ] _____
- [ ] _____
- [ ] _____
- [ ] _____
- [ ] _____
- [ ] _____
- [ ] _____
- [ ] _____
- [ ] _____
- [ ] _____
- [ ] _____
- [ ] _____
- [ ] _____
- [ ] _____
- [ ] _____
- [ ] _____
- [ ] _____
- [ ] _____
- [ ] _____
- [ ] _____

TO DO (LATER)

- _____
- _____
- _____
- _____
- _____
- _____
- _____
- _____
- _____
- _____

MAKE MAGIC!

HOUR BY HOUR

8 _____

9 _____

10 _____

11 _____

12 _____

1 _____

2 _____

3 _____

4 _____

5 _____

6 _____

ONE DAY at a TIME __ / __ / __

TO DO (TODAY)

☐ _____
☐ _____
☐ _____
☐ _____
☐ _____
☐ _____
☐ _____
☐ _____
☐ _____
☐ _____
☐ _____
☐ _____
☐ _____
☐ _____
☐ _____
☐ _____
☐ _____
☐ _____

TO DO (LATER)

➤ _____
➤ _____
➤ _____
➤ _____
➤ _____
➤ _____
➤ _____
➤ _____
➤ _____
➤ _____

MAKE MAGIC!

HOUR BY HOUR

8 _____
_____
9 _____
_____
10 _____
_____
11 _____
_____
12 _____
_____
1 _____
_____
2 _____
_____
3 _____
_____
4 _____
_____
5 _____
_____
6 _____
_____

ONE DAY at a TIME ___ / ___ / ___

TO DO (TODAY)

- [ ] _____
- [ ] _____
- [ ] _____
- [ ] _____
- [ ] _____
- [ ] _____
- [ ] _____
- [ ] _____
- [ ] _____
- [ ] _____
- [ ] _____
- [ ] _____
- [ ] _____
- [ ] _____
- [ ] _____
- [ ] _____
- [ ] _____
- [ ] _____

TO DO (LATER)

- ▶ _____
- ▶ _____
- ▶ _____
- ▶ _____
- ▶ _____
- ▶ _____
- ▶ _____
- ▶ _____
- ▶ _____
- ▶ _____

MAKE MAGIC!

HOUR BY HOUR

8 _____

9 _____

10 _____

11 _____

12 _____

1 _____

2 _____

3 _____

4 _____

5 _____

6 _____

ONE DAY at a TIME ___/___/___

HOUR BY HOUR

8 _____

9 _____

10 _____

11 _____

12 _____

1 _____

2 _____

3 _____

4 _____

5 _____

6 _____

TO DO (TODAY)

- ☐ _____
- ☐ _____
- ☐ _____
- ☐ _____
- ☐ _____
- ☐ _____
- ☐ _____
- ☐ _____
- ☐ _____
- ☐ _____
- ☐ _____
- ☐ _____
- ☐ _____
- ☐ _____
- ☐ _____
- ☐ _____
- ☐ _____
- ☐ _____

TO DO (LATER)

- ➤ _____
- ➤ _____
- ➤ _____
- ➤ _____
- ➤ _____
- ➤ _____
- ➤ _____
- ➤ _____
- ➤ _____
- ➤ _____
- ➤ _____

MAKE MAGIC!

ONE DAY at a TIME __/__/__

HOUR BY HOUR

8 _____

9 _____

10 _____

11 _____

12 _____

1 _____

2 _____

3 _____

4 _____

5 _____

6 _____

TO DO (TODAY)

- ☐ _____
- ☐ _____
- ☐ _____
- ☐ _____
- ☐ _____
- ☐ _____
- ☐ _____
- ☐ _____
- ☐ _____
- ☐ _____
- ☐ _____
- ☐ _____
- ☐ _____
- ☐ _____
- ☐ _____
- ☐ _____
- ☐ _____

TO DO (LATER)

- ▸ _____
- ▸ _____
- ▸ _____
- ▸ _____
- ▸ _____
- ▸ _____
- ▸ _____
- ▸ _____
- ▸ _____
- ▸ _____
- ▸ _____

MAKE MAGIC!

ONE DAY at a TIME __ / __ / __

TO DO (TODAY)

- [ ] _____
- [ ] _____
- [ ] _____
- [ ] _____
- [ ] _____
- [ ] _____
- [ ] _____
- [ ] _____
- [ ] _____
- [ ] _____
- [ ] _____
- [ ] _____
- [ ] _____
- [ ] _____
- [ ] _____
- [ ] _____
- [ ] _____
- [ ] _____

TO DO (LATER)

- _____
- _____
- _____
- _____
- _____
- _____
- _____
- _____
- _____
- _____
- _____

MAKE MAGIC!

HOUR BY HOUR

8 _____

9 _____

10 _____

11 _____

12 _____

1 _____

2 _____

3 _____

4 _____

5 _____

6 _____

ONE DAY at a TiME __ / __ / __

TO DO (TODAY)

- ☐ _____
- ☐ _____
- ☐ _____
- ☐ _____
- ☐ _____
- ☐ _____
- ☐ _____
- ☐ _____
- ☐ _____
- ☐ _____
- ☐ _____
- ☐ _____
- ☐ _____
- ☐ _____
- ☐ _____
- ☐ _____
- ☐ _____
- ☐ _____

TO DO (LATER)

- ➤ _____
- ➤ _____
- ➤ _____
- ➤ _____
- ➤ _____
- ➤ _____
- ➤ _____
- ➤ _____
- ➤ _____
- ➤ _____
- ➤ _____

MAKE MAGIC!

HOUR BY HOUR

8 _____

9 _____

10 _____

11 _____

12 _____

1 _____

2 _____

3 _____

4 _____

5 _____

6 _____

ONE DAY at a TIME __/__/__

TO DO (TODAY)

- [ ] _____
- [ ] _____
- [ ] _____
- [ ] _____
- [ ] _____
- [ ] _____
- [ ] _____
- [ ] _____
- [ ] _____
- [ ] _____
- [ ] _____
- [ ] _____
- [ ] _____
- [ ] _____
- [ ] _____
- [ ] _____
- [ ] _____
- [ ] _____

TO DO (LATER)

- ➤ _____
- ➤ _____
- ➤ _____
- ➤ _____
- ➤ _____
- ➤ _____
- ➤ _____
- ➤ _____
- ➤ _____
- ➤ _____
- ➤ _____

MAKE MAGIC!

HOUR BY HOUR

8 _____

9 _____

10 _____

11 _____

12 _____

1 _____

2 _____

3 _____

4 _____

5 _____

6 _____

ONE DAY at a TIME __ / __ / __

TO DO (TODAY)

- [ ] _____
- [ ] _____
- [ ] _____
- [ ] _____
- [ ] _____
- [ ] _____
- [ ] _____
- [ ] _____
- [ ] _____
- [ ] _____
- [ ] _____
- [ ] _____
- [ ] _____
- [ ] _____
- [ ] _____
- [ ] _____
- [ ] _____
- [ ] _____

TO DO (LATER)

- ▸ _____
- ▸ _____
- ▸ _____
- ▸ _____
- ▸ _____
- ▸ _____
- ▸ _____
- ▸ _____
- ▸ _____
- ▸ _____
- ▸ _____

MAKE MAGIC!

HOUR BY HOUR

8 _____

9 _____

10 _____

11 _____

12 _____

1 _____

2 _____

3 _____

4 _____

5 _____

6 _____

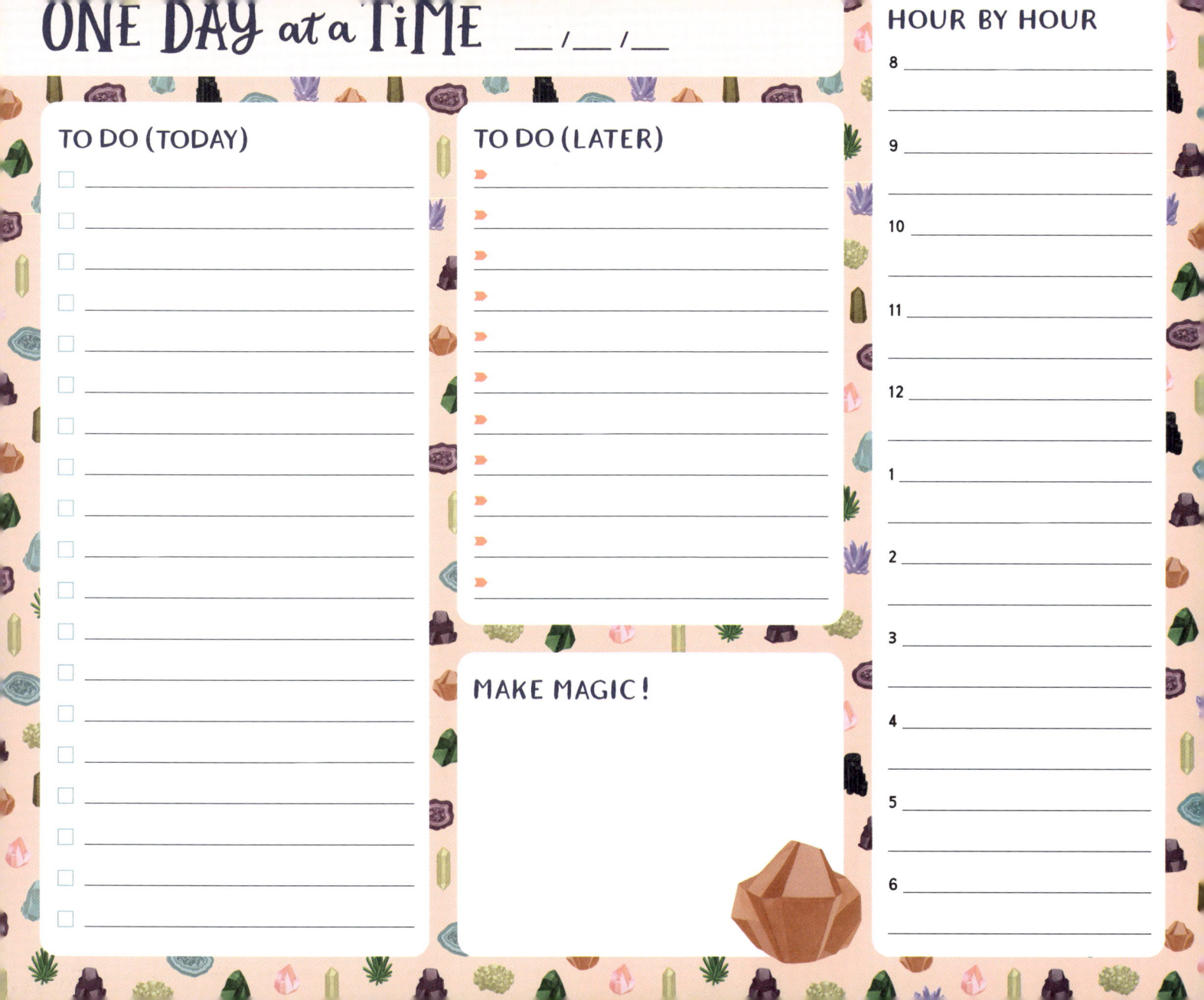

ONE DAY at a TIME __ / __ / __

TO DO (TODAY)

- [ ] _____
- [ ] _____
- [ ] _____
- [ ] _____
- [ ] _____
- [ ] _____
- [ ] _____
- [ ] _____
- [ ] _____
- [ ] _____
- [ ] _____
- [ ] _____
- [ ] _____
- [ ] _____
- [ ] _____
- [ ] _____
- [ ] _____

TO DO (LATER)

- _____
- _____
- _____
- _____
- _____
- _____
- _____
- _____
- _____
- _____

MAKE MAGIC!

HOUR BY HOUR

8 _____

9 _____

10 _____

11 _____

12 _____

1 _____

2 _____

3 _____

4 _____

5 _____

6 _____

ONE DAY at a TIME __ / __ / __

TO DO (TODAY)

- [ ] _____
- [ ] _____
- [ ] _____
- [ ] _____
- [ ] _____
- [ ] _____
- [ ] _____
- [ ] _____
- [ ] _____
- [ ] _____
- [ ] _____
- [ ] _____
- [ ] _____
- [ ] _____
- [ ] _____
- [ ] _____
- [ ] _____
- [ ] _____
- [ ] _____

TO DO (LATER)

- _____
- _____
- _____
- _____
- _____
- _____
- _____
- _____
- _____
- _____

MAKE MAGIC!

HOUR BY HOUR

8 _____

9 _____

10 _____

11 _____

12 _____

1 _____

2 _____

3 _____

4 _____

5 _____

6 _____

ONE DAY at a TIME __/__/__

TO DO (TODAY)

- [ ] _____
- [ ] _____
- [ ] _____
- [ ] _____
- [ ] _____
- [ ] _____
- [ ] _____
- [ ] _____
- [ ] _____
- [ ] _____
- [ ] _____
- [ ] _____
- [ ] _____
- [ ] _____
- [ ] _____
- [ ] _____
- [ ] _____
- [ ] _____
- [ ] _____
- [ ] _____
- [ ] _____

TO DO (LATER)

- ⮞ _____
- ⮞ _____
- ⮞ _____
- ⮞ _____
- ⮞ _____
- ⮞ _____
- ⮞ _____
- ⮞ _____
- ⮞ _____
- ⮞ _____
- ⮞ _____

MAKE MAGIC!

HOUR BY HOUR

8 _____

9 _____

10 _____

11 _____

12 _____

1 _____

2 _____

3 _____

4 _____

5 _____

6 _____

ONE DAY at a TIME __ / __ / __

HOUR BY HOUR

8 _____

9 _____

10 _____

11 _____

12 _____

1 _____

2 _____

3 _____

4 _____

5 _____

6 _____

TO DO (TODAY)

- ☐ _____
- ☐ _____
- ☐ _____
- ☐ _____
- ☐ _____
- ☐ _____
- ☐ _____
- ☐ _____
- ☐ _____
- ☐ _____
- ☐ _____
- ☐ _____
- ☐ _____
- ☐ _____
- ☐ _____
- ☐ _____
- ☐ _____
- ☐ _____

TO DO (LATER)

- ▸ _____
- ▸ _____
- ▸ _____
- ▸ _____
- ▸ _____
- ▸ _____
- ▸ _____
- ▸ _____
- ▸ _____
- ▸ _____

MAKE MAGIC!